ADOLPHE GÉRARD

14 JUILLET 1866

VOYAGE

DE

SA MAJESTÉ L'IMPÉRATRICE

ET DE

S. A. LE PRINCE IMPÉRIAL

Étape d'Épernay — l'Impératrice à Amiens
Venise

ÉPERNAY

IMPRIMERIE ET LITHOGRAPHIE DE VICTOR FIÉVET

1866

Lettre d'envoi :

A SA MAJESTÉ

L'EMPEREUR NAPOLÉON III

SIRE,

Sous l'empire des émotions si profondes et unanimes recueillies de la Visite de SA MAJESTÉ L'IMPÉRATRICE et de SON ALTESSE le PRINCE IMPÉRIAL, j'ai essayé d'en traduire quelques-unes dans le langage que j'ai cru le plus digne de Vous être adressé.

Si VOTRE MAJESTÉ daigne en agréer le très-humble hommage, ELLE me fera un suprême honneur et mettra le comble à mes vœux.

Je suis, avec le plus profond respect,

De VOTRE MAJESTÉ,

SIRE,

Le très-humble, très-obéissant et fidèle sujet,

Adolphe GÉRARD.

HOMMAGE

A S. M. L'EMPEREUR NAPOLÉON III

Le brin d'herbe qui croît, caché dans le sillon,
Le ruisselet des bois, l'invisible grillon,
Ces mille riens aidant à former la Nature
Pour le PÈRE ont leur voix dans l'hymne filial :
De l'ombre où je végète au TRONE IMPÉRIAL
Ma voix monte pareille à leur faible murmure.

Mareuil-sur-Ay, 24 *Juillet* 1866.

LE 14 JUILLET 1866 A ÉPERNAY

I

C'est le jour attendu dont l'aube vient d'éclore :
Le *quatorze Juillet*, saluons son aurore !
Le vent a nettement balayé l'horizon
Comme eût fait un valet soigneux de la maison ;
Pas une tache au ciel, pas le plus léger voile ;
On s'y pourrait mirer comme dans une étoile ;
Et les blonds chérubins par ordre du bon Dieu
Ont repeint sa coupole en azur le plus bleu.
Au sortir d'une nuit d'orage, la nature
Offre à l'œil une image et plus fraîche et plus pure,
Comme la jeune fille un sein plus transparent
Après l'avoir baigné dans l'onde du torrent.

La foudre qui n'est pas toujours une colère
A voulu saluer la fête populaire,
Prélude solennel de l'hymne qui demain
Battra du cœur du peuple au cœur du *Souverain;*
Puis le soleil enfin, ce pardon des timides,
Vient essuyer les fleurs et les regards humides.
Soleil ! puisque tes feux émergent de l'Amour,
A tes plus chauds rayons allume ce grand jour !

II

Muse ! gagnons avec la brise matinale
Cette verte oasis qu'un château nous signale.
Oui, je la reconnais à mes coteaux aimés,
De la fleur de la vigne encore parfumés :
C'est *Epernay,* tout fier comme une capitale
De se voir pour un jour ÉTAPE IMPÉRIALE.
L'air vibre sous l'écho des lointaines chansons,
Du marteau qui s'abat sur les frêles cloisons,
De l'appel des tambours, de la cloche élancée,
Toutes voix s'unissant dans la même pensée ;
Touchante expression du vote universel
Qui prend le cœur pour urne et pour témoin le ciel.

III

La voilà cette ville où coule le Pactole,
Ce berceau du Champagne et sa première école,
La cité de Jean Moet, un noble industriel
A qui la gratitude offre un culte éternel.
On s'honore soi-même en honorant en France
Ces deux grandes vertus : *Travail* et *Bienfaisance*.
Aimé du plus grand Homme, il mérita son nom,
Et par lui le commerce eut son NAPOLÉON.
Muse, qui par instinct fais halte à chaque gloire,
D'une fleur en passant décore sa mémoire.

IV

A travers les drapeaux endormis, suis ton vol,
Parfume-toi des lys dont s'émaille le sol,
Tandis que je suivrai la foule prosaïque
Sur les chemins brodés de riche mosaïque,
Sous ces tentes où plombe un soleil africain,
Où nul souffle ne passe hormis le souffle humain :
Qu'importe si le sang bout dans cette fournaise,
Le rire est dans les yeux quand le cœur est à l'aise ;
Comme pour nos soldats au champ de la valeur,
On ne déserte pas à ce poste d'honneur.

Cette cohue allant, venant, tumultueuse,
Semble un flux et reflux d'une marée houleuse
Dont l'enfant, en jouant, ramassera demain
Quelque épave emportée aux écueils du chemin.
Sur les petits enfants, veillez ô bonnes fées,
Et gardez-nous qu'un crêpe attriste nos trophées !

V

Quelques heures encore avant le grand moment...
Pose ton aile au toit de ce haut monument
Que cherchent d'un regard qui le mesure à peine
Les lointains voyageurs que la vapeur amène.
Pour nous, pour nos voisins, c'est le château connu,
Le malheur à son seuil entre, le bienvenu,
Et de Lazare à jeun la détresse importune
N'en blasphéma jamais la pieuse fortune.
Aménité, Grandeur ! tel serait l'écusson
Qui siérait bien au front de la noble maison.
Souffrez que je vous nomme, ô digne *Chevalier !*
Un blason qu'on achète, un beau nom qu'on herite
Sont des brevets d'orgueil, mais non pas de mérite,
Et tous répéteront : Gloire au *Château-Perrier,*
Muse ! notre mandat n'est pas rempli, demeure :
L'écho murmure autour de la sainte demeure ;
C'est un bruit populaire, hymne auquel j'obéis ;
Mêle au chœur ton vivat pour l'Elu du pays ! *

* M. Perrier, maire d'Epernay, élu député aux dernières élections.

VI

La vapeur a sifflé, l'électrique fluide
Parcourt les flots pressés comme un éclair rapide ;
Un seul bruissement répond à ce signal
Et meurt dans cet écho : LE TRAIN IMPÉRIAL !
C'était lui. Battements de mains, élans de l'âme,
Qui vous aurait comptés en cet instant de flamme...
Tout un monde d'amour dans ce cri : LES VOILA !
Fibres du cœur français, je vous reconnais là.
OUI, LES VOILA ! devant la multitude avide,
Hélas ! moins l'EMPEREUR qui laisse un profond vide !

Avez-vous quelquefois, dans vos songes chrétiens,
Par le rideau d'azur, vu des anges gardiens,
N'ayant que le plus pur de notre forme humaine,
Images qu'au réveil nulle aube ne ramène,
Madones qu'autrefois, ce bel ange mortel,
Dans ses nuits de génie entrevit Raphaël,
Dont les voix sont un chant, les regards des étoiles
Et que ses doigts divins copiaient sur ses toiles ?...
Avez-vous contemplé l'IMPÉRATRICE ? Eh bien !
L'auguste SOEUR de France est un ANGE GARDIEN.

O vous qui mûrissez au soleil de l'enfance,
De qui la fleur encore est la seule défense,
Par le radieux prisme où vous voyez au ciel
Des plus riants espoirs s'éployer l'arc-en-ciel ;

Las de jouer au bord des lacs, sur les prairies,
Vous est-il apparu de fraîches rêveries ;
Des chérubins ailés un essaim gracieux
N'a-t-il pas un beau soir voltigé sous vos yeux,
Leur front illuminant la céleste coupole ?...
Le PRINCE est couronné de la même auréole.

En songeant aux vertus, aux saintes actions
Dont le ciel voulut mettre à son front les rayons,
Une divine image à mes yeux s'est montrée :
Cette auguste beauté, cette femme sacrée
Offrant au peuple ému l'ENFANT prédestiné,
Le futur Souverain aujourd'hui couronné
De candeur et d'amour, aurore de sa gloire,
M'a rappelé les jours de chrétienne mémoire
Où dans Jérusalem, qui leur jetait son cœur,
S'avançaient triomphants la VIERGE et le SAUVEUR.

Sublime éclat de foudre après le météore,
L'explosion de l'âme ébranle l'air sonore.
Ce n'est plus une voix d'où jaillissent des mots,
C'est une cataracte immense de bravos.
L'IMPÉRATRICE passe à travers cette trombe
En souriant avec sa grâce de colombe,
Et de sa main bénie en saluant vers nous.
Oh ! plus d'un s'est senti fléchir sur ses genoux...
Irrésistible attrait qu'exerce le mélange
De la grandeur humaine et la vertu de l'ange !

VII

AMIENS

Ecoutez ce récit : l'écho de l'univers
Le redira plus haut après mes faibles vers :
Par la vague des mers chassé vers nos rivages,
Le choléra passait en semant ses ravages.
Un jour il vint fixer des bords italiens
Son étape sinistre à la ville d'Amiens.
Le souffle destructeur allait, creusant les tombes
Sans attendre le prêtre au pied des hécatombes ;
Cueillant l'enfant au sein, foudroyant les vieillards
Que la nuit charriait dans les sourds corbillards ;
Chaque heure qui vibrait à la lugubre horloge
Jetait deux noms de plus au long martyrologe ;
Que de places, le soir, prises par le Destin,
Qu'hélas ! vous occupiez, convives du matin !...
Bien des rêves brillants, plus d'une extase sainte
Devaient finir hélas ! sous la funèbre enceinte !
Et le réseau fatal où fut pris tant d'amour
Allait élargissant son cercle chaque jour,
Et rien n'attendrissait la mort ni la souffrance...
Dieu veillait sur Amiens : L'Ange de l'Espérance
Sous les traits d'une femme apparut au malheur...
Une femme ?... Que dis-je ?... Une sublime SOEUR,

Une âme dans laquelle il mit son âme même
Avec Sa Majesté ceinte d'un diadème.
Au chevet du malade, au grabat du mourant,
Calme ELLE alla s'asseoir... quelquefois en pleurant...
Mais plus souvent encore un doux sourire aux lèvres,
Ce baume qui calma tant de pleurs, tant de fièvres ;
La charité coulait du cœur et de la main
Et son adieu touchant voulait dire : A demain !
L'Espoir alors ouvrit ses ailes repliées ;
La souffrance trouva des douceurs oubliées ;
L'agonie elle-même eut au suprême adieu
Un éclair de bonheur qui rendra compte à Dieu.
Et cependant c'était, — admirez l'héroïsme ! —
Aux jours où la terreur, parlant à l'égoïsme,
Chassait loin du foyer de la contagion
Des flots épouvantés de population.
C'était quand des Chrétiens, quand des amis, des frères,
Au bruit qui redoublait des cloches funéraires,
Oubliant, soucieux de leur unique bien,
Que l'heure du péril est l'heure du Chrétien,
Désertaient tout : la foi, le devoir, la famille,
Cette triple auréole où l'humanité brille...
C'était alors que — Mère et pleine de beaux jours,
Désertant ses palais, — les plus chères amours,
Son glorieux Epoux et le Fils, digne d'Elle,
De l'antique héroïsme adorable modèle,
Du trône Impérial, brillante de santé,
Descendit sur Amiens la SŒUR DE CHARITÉ !...
Une sœur... vous savez, de ces timides vierges
Dont l'enfance orpheline a pâli sous les cierges ;

Humbles comme le Christ, cultivant ses vertus ;
Vivant par son amour, plutôt ne vivant plus ;
Rallumant en autrui le flambeau de leur vie
Qu'au banquet du malheur le dévouement convie.
Leur place est au péril, leur place est au grabat,
Partout où l'infortune, où la douleur combat...
On les peut bien bénir ces mains douces et sûres
Qui n'ont d'autres joyaux que le sang des blessures !
Et cependant combien de sourires moqueurs
Ont répandu le fiel sur ces sublimes cœurs,
Sur ces vases sacrés que l'encens purifie,
Encens qui se prodigue et qui se sacrifie ;
Que de fois pour le prix de ces soins vigilants
Qui prêtent le courage à leurs pas chancelants
Durant les longues nuits où le sommeil nous berce
Sur le mol édredon, sous les rideaux de Perse,
Elles ne recueillaient au chevet adouci
Qu'une parole dure au lieu d'un doux merci !...
Mais ne les plaignez pas... Oh ! l'amour qui se donne
Pour le ciel — aime encore et pour le ciel pardonne !
Un regard satisfait du divin crucifix
A payé leur tendresse au nom du divin Fils.
Souveraine de France ! ô notre ANGE GARDIENNE,
A qui Dieu mit la *Pourpre* et la *Bure chrétienne !*
Tous les siècles pour vous, dans leur hymne éternel,
Chanteront l'*Hosanna* sur le trône et l'autel ;
Ils diront en passant à l'immortelle histoire :
Qu'une femme, l'orgueil de son sexe et sa gloire,
Une femme inspirée a fait, par son amour,
Comme le Dieu fait homme, un prodige à son tour ;

Qu'au bercail de l'Eglise et qu'au sein de l'Empire,
Par le triomphe seul dont la vertu s'inspire,
Elle a rendu les fils, les sujets égarés,
Qu'au Jourdain de l'amour Elle a régénérés !

VIII

Approchez, vous aussi, soldats de l'espérance,
Vous qui balbutiez la gloire de la France
      Apprise au paternel bercail ;
Dont les jeunes esprits brûlent de voir éclore
L'avenir incertain que pour vous élabore
      La grande ruche du travail !

Approchez, frais essaims d'abeilles gracieuses
Dont les ailes au vent se jouent insoucieuses
      Des réseaux jaloux du destin ;
Chastes fleurs dont le toit maternel se parfume,
Vierges dont le regard n'entrevoit pas la brume
      Par delà l'aube du matin !

L'Impératrice a dit : « Sous ces tentes splendides
« Laissez venir à moi les sourires candides,
      « L'heureux bataillon virginal ! »
De vos cœurs attendris épanchez le calice
En l'offrant au Seigneur pour votre Impératrice
      Et pour le Prince Impérial !

Et vous dont le berceau plaça votre naissance
Sous l'éclatant *rayon* de l'*Étoile de France*,
    Venez, filleuls de l'EMPEREUR !
En confirmant les vœux offerts sur le baptême
Jurez d'aimer, servir de votre foi suprême
    Le plus auguste Protecteur !

Humbles sœurs de l'ENFANT si grand en destinées,
Que les roses, bouquet de vos belles années
    Dont vous offrez le pur encens
Soient le gage pieux d'une foi souveraine !
Le bon Dieu qui vous fit d'UN ANGE UNE MARRAINE
    Bénit les cœurs reconnaissants !

IX

Quel est donc ce cortège au loin qui s'achemine,
    Courbé, les pas tremblants ?...
Faites place aux vieillards ; que le respect s'incline
    Devant les cheveux blancs !

Ce sont de vieux témoins de nos vieilles victoires,
Dont le sang se réveille à l'aspect des drapeaux ;
Les feuillets survivants de nos grandes histoires ;
Les braves qui peuplaient les bivacs de nos gloires
Et qu'abrite aujourd'hui la tente du repos.

Saluons ces débris, ces vivantes annales
      D'un âge de héros ·
Où nos soldats jetaient dans le concert des balles
      De sublimes échos.

Laissez, laissez passer, comme un dernier sourire,
Les ombres d'Austerlitz, Wagram, Montebello
En qui l'autre César et tressaille et respire,
Qui viennent de sa part aux pieds du jeune Empire
      Déposer un bravo !

Maintenant soyez fiers, partez ! la main mystique
      Qui vient de vous bénir
Donne à votre déclin le plus doux viatique...
      Et vous pourrez mourir !

Arrivés à l'étape où dort la *Grande Armée,*
Eveillant l'ancien Chef et ses vieux compagnons,
Dites-leur comment va leur France bien-aimée
Et quelle garde veille à sa gloire — allumée
      A la poudre de leurs canons ;

Que de *sa jeune sœur* elle peut être fière ;
      Qu'elle n'a point taché
Le splendide horizon où semait sa lumière
      Le BEAU SOLEIL COUCHÉ ;

Qu'en haut de sa Colonne et dans son auréole
Sous la toge d'airain vous avez vu César
Avec ses Curtius, ses Coclès, ses Scœvole,
Regardant César II qui monte au Capitole
      Et prend l'Europe pour son char ;

Que la France aujourd'hui, son aigle à côté d'elle,
Dort, le glaive au fourreau...
— Mais prête à se dresser — dès que la sentinelle
Ferait signe au drapeau !

Puis enfin, déchirant le voile de tristesse
Qui passe par instants sur son beau rêve d'or,
Que l'OMBRE IMPÉRIALE et revive et se dresse
Lorsque vous LUI direz en pleurant d'allégresse
Que le fils de Pyrrhus nous rend le FILS D'HECTOR !

X

ADIEU !

Trop fragiles instants, pourquoi faites-vous trève
Si vite à ces transports d'un délicieux rêve ;
Pourquoi nous éveiller sitôt ?...
Du moins vous nous laissez l'image ineffaçable,
Comme l'eau fugitive en passant sur le sable
Creuse l'empreinte de son flot.

Comme l'onde parfois dépose sur sa trace
La perle et le rubis qu'en son cours elle amasse,
Que les pêcheurs vont recueillir,
Eau pleine de trésors, AUGUSTE SOUVERAINE,
Votre âme laisse après le flot qui VOUS entraîne
Bien des reliques à cueillir.

Puisqu'il le faut ainsi... Que nos regards humides
Se détachent de VOUS... mais, mystérieux guides,
    Vous suivent dans l'espace encor,
Comme on voit dans un val que le coteau surmonte
L'encens léger du soir, quand le soleil remonte,
    Flotter autour de l'astre d'or.

XI

Muse, nous voici seuls... Dis, où va ta pensée ?
— Où celle de la France est aujourd'hui fixée ;
Vers l'ASTRE dont le monde a proclamé le nom ;
Où porte son regard l'Europe toute entière ;
D'où va sortir la paix ou jaillir la lumière
    Du glaive et du canon.

L'Europe attend le sort, tranquille et recueillie :
L'auguste sentinelle observe à la vigie,
Debout, les bras croisés, l'œil fixe à l'horizon...
Nous, la France, gardés par un double génie,
Nous respirons dans l'âme et le cœur d'EUGÉNIE
    Et de NAPOLÉON.

                  Mareuil-sur-Ay, 24 Juillet 1866.

VENISE

Rêverie improvisée sur l'écluse de Mareuil

Si j'avais l'aile de la brise
Vers le charmant ciel de Venise
    Je volerais demain.
Ami la veille, aujourd'hui FRÈRE,
Fier Peuple, ma main serait fière
    De te serrer la main.

Flottez au vent de l'Espérance,
Flottez là-bas, drapeaux Français !
O nobles couleurs de la France,
Soyez l'arc-en-ciel de la Paix !

Du Paradis, riante image,
Sème, après l'odeur du carnage,
    Les parfums des rosiers.
Aux cris de guerre, aux larmes folles
Fais succéder les barcaroles
    Des rêveurs gondoliers.

Flottez au vent de l'Espérance,
Flottez là-bas, drapeaux Français !
O nobles couleurs de la France,
Soyez l'arc-en-ciel de la Paix !

Quel souffle doux et poétique
M'arrive de l'Adriatique
  Et me dit : « Viens chanter
» Sur ma belle onde, au gré des voiles,
» Miroir limpide où les étoiles
  » Se regardent flotter. »

Flottez au vent de l'Espérance,
Flottez là-bas, drapeaux Français !
O nobles couleurs de la France,
Soyez l'arc-en-ciel de la Paix !

« Viens aimer : Il est à Venise
» Un nid caressé par la brise,
  » Embaumé par les fleurs.
» Le flot qui le baigne étincelle
» Sous la rame, et son bruit se mêle
  » Aux chansons des rameurs ! »

Flottez au vent de l'Espérance,
Flottez là-bas, drapeaux Français !
O nobles couleurs de la France,
oyez l'arc-en-ciel de la Paix !

Oiseaux voyageurs que j'envie,
Vous la verrez cette Patrie
    De mes rêves d'enfant !...
Pourtant je suis libre, j'y songe...
Non. — La liberté n'est qu'un songe,
    Poète, *sans l'argent*.

Flottez au vent de l'Espérance,
Flottez là-bas, drapeaux Français !
O nobles couleurs de la France,
Soyez l'arc-en-ciel de la Paix !

Adieu ! fugitives idoles !
Adieu ! lagunes et gondoles !
    Je ne vous verrai pas.
Du moins, ô ma chanson plaintive,
Qu'un écho de la douce rive
    Te murmure tout bas !...

Flottez au vent de l'Espérance,
Flottez là-bas, drapeaux Français !
O nobles couleurs de la France,
Soyez l'arc-en-ciel de la Paix !

    Mareuil, Juillet 1866.

www.ingramcontent.com/pod-product-compliance
Lightning Source LLC
Chambersburg PA
CBHW060620050426
42451CB00012B/2350